ESSAI

SUR

LA BARBE

ET SUR

L'ART DE SE RASER

PAR

AUBRIL

PARIS
E DENTU, LIBRAIRE-ÉDITEUR,
PALAIS-ROYAL, 13, GALERIE D'ORLÉANS
ET CHEZ L'AUTEUR (MAISON AUBRIL)
PALAIS-ROYAL, 139, GALERIE DE VALOIS

1861

ESSAI SUR LA BARBE

ET SUR

L'ART DE SE RASER

VERSAILLES. — IMPRIMERIE CERF, 59, RUE DU PLESSIS.

ESSAI

SUR

LA BARBE

ET SUR

L'ART DE SE RASER

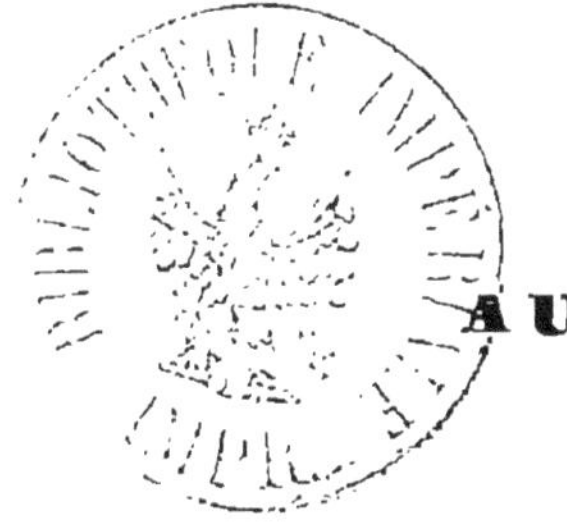

PAR

AUBRIL

PARIS
E. DENTU, LIBRAIRE-ÉDITEUR
PALAIS-ROYAL, 13, GALERIE D'ORLÉANS

—

1860

AVANT-PROPOS

Je m'étais promis et j'avais promis au public d'écrire quelques instructions sur l'usage du rasoir et sur les moyens d'assurer son menton contre les imperfections des lames défectueuses et des savons mal préparés.

Comment ce simple et bref petit manuel, qui ne devait comporter que quelques pages, s'est transformé en une véritable étude théorique et pratique sur la barbe, sur le rôle qu'elle a joué et qu'elle joue encore dans l'histoire et dans l'hygiène de l'humanité, c'est ce qui arrive à la plupart des essais que l'on tente d'écrire sur des sujets qui semblent, au premier abord, superficiels et limités. Leur importance se révèle à mesure qu'on les étudie, et les recherches que nécessite un travail consciencieux font naître dans l'esprit et sous la plume une foule de développements nouveaux e imprévus.

La monographie de la barbe aurait pu comprendre tout un gros volume, si j'avais voulu entrer dans tous les détails historiques et physiologiques qui me sont passés sous les yeux ou me sont venus à l'esprit, pendant que je préparais cet opuscule, et, si je n'avais pas compris que le premier art de celui qui, en s'essayant à manier une plume, tient à se faire lire, est l'art de se borner.

Aussi ai-je laissé de côté bien des indications tirées des annales de la barbe dans l'antiquité, et des coutumes et usages des peuples divers répandus sur la surface du globe.

Je me suis attaché particulièrement à quatre choses :

Démontrer les avantages hygiéniques et physiologiques que trouve l'homme à avoir le menton rasé ;

Résumer l'histoire de la barbe dans les temps modernes et particulièrement en France ;

Établir la nécessité, pour l'homme civilisé et

soigneux de la propreté et de la santé de son épiderme, de se raser lui-même ;

Enfin étudier l'art même de se raser dans ses rapports avec le savon, avec la barbe, avec la forme, la trempe et le fil du rasoir.

Si j'ai semé çà et là quelques anecdotes plus ou moins piquantes, ce n'est point pour imiter l'usage des barbiers bavards qui avaient autrefois l'habitude de tenir lieu de gazette à leurs clients; j'ai eu soin de ne choisir que des historiettes pour ainsi dire inhérentes et nécessaires à mon sujet. En tout cas, le lecteur sera toujours libre de les laisser de côté pour s'en tenir aux choses substantielles et utiles.

En écrivant cet opuscule, je n'ai pas eu la prétention de me poser en littérateur et de faire un livre savant, j'ai voulu seulement intéresser le lecteur à un sujet qui touche de près tous les hommes, et lui fournir quelques indications de prudence et d'hygiène; et de même que Montaigne inscrivait en tête de ses *Essais* : « Ceci est de bonne foi, » je puis écrire en tête du mien : « Ceci est sans vanité. »

ESSAI
SUR LA BARBE
ET SUR
L'ART DE SE RASER

I

AVANTAGES HYGIÉNIQUES ET PHYSIOLOGIQUES DES MENTONS RASÉS

La question de la barbe. — L'encre et le sang qu'elle a fait verser. — Cause de l'hostilité de la France et de l'Angleterre. — Les droits de la barbe et du menton. — La mode: l'inventeur de la poudre, les paniers et les crinolines, la perruque, le pantalon. — François Ier et la renaissance... des barbes.. — L'impôt sur les barbes. — L'édit des barbes. — La barbe est un masque. — Tout ce qu'on peut faire dans sa barbe. —Louis le Jeune et Eléonore de Guyenne. — Malheurs qu'on eût évités si le roi eût toujours été rasé. — Un futur mari doit se montrer rasé. — Une barbe longue exige plus de soin qu'un menton rasé. — L'auréole d'Henri IV.— Les barbes parfumées et les bigotelles. —La barbe, réservoir à fumée de tabac.—L'art de se raser est un art des plus faciles.

On a peine à se faire une idée du nombre de discussions qu'a soulevées et des flots d'encre qu'a fait répandre cette simple question de savoir si les hommes doivent ou non laisser croître leur barbe.

Nous verrons plus tard, lorsque nous esquisserons l'histoire de la barbe, que cette histoire, comme celles de toutes les questions qui ont divisé les esprits des humains, porte aussi, çà et là, quelques taches de sang versé.

Si peu important que soit en apparence le sujet de leurs débats, ne voit-on pas souvent dans les annales de l'humanité les fils d'Adam prêts à se déclarer la guerre et à s'entretuer pour la défense de leurs opinions ?

La guerre n'a-t-elle pas été longtemps l'*ultima ratio* des discussions humaines ?

Aujourd'hui, heureusement, nous ne sommes plus à une époque où la question des mentons rasés puisse exercer, sur les destinées des nations, une influence aussi désastreuse que celle que Dulaure prête à la barbe de Henri II d'Angleterre sur les relations de la France et de la Grande-Bretagne.

Aujourd'hui, si les papes formulent encore des bulles et des interdits, si les conciles rendent encore des décisions souveraines en matière religieuse, la barbe est absolument étrangère à leurs sévérités. Aujourd'hui enfin, chacun est libre de donner à sa barbe la longueur, la forme, l'aspect, la physionomie qui lui convient.

On peut donc formuler avec toute certitude et sans craindre d'être démenti, l'axiome suivant :

AXIOME

Les droits de la barbe et du menton sont désormais et définitivement acquis à l'homme civilisé.

La seule autorité de laquelle l'homme relève encore, à cet égard comme à bien d'autres, autorité dont il relèvera toujours, c'est celle de la mode.

Or, on sait que, si capricieux qu'il paraisse, ce despote qu'on appelle la mode, rend souvent des décrets dont le seul mobile, la seule raison d'être est la nécessité de dissimuler quelque imperfection humaine.

Ce fut, dit-on, pour déguiser la couleur rouge des cheveux d'une favorite qu'un coiffeur inventa la poudre... à poudrer.

Assurément la mode des paniers dut être encouragée, au XVIIIe siècle, par toutes les femmes dont les hanches manquaient de développement.

Il en est de même, au XIXe, de la mode des jupes bouffantes et des crinolines.

C'est aux femmes grandes et montées sur de longs pieds que toutes les autres doivent de porter les robes longues et traînantes.

De même, chez la moins belle moitié du genre humain,

La perruque a dû être inventée par et pour les hommes chauves;

Le pantalon, substitué à la culotte courte dans l'intérêt des jambes disgraciées et pour dissimuler la disparition générale du mollet ;

Enfin, l'usage des barbes longues et incultes, adopté dans le but de masquer le modelé médiocre des mentons mal tournés ou la fâcheuse expression de bouches trop significatives.

Une anecdote historique ne nous dit-elle pas que, si l'époque de la renaissance des arts fut aussi celle de la renaissance des barbes, l'adoption générale de cette dernière mode eut pour origine, pour première cause un accident arrivé à François Ier ?

Le 6 janvier 1521, de jeunes seigneurs, réunis à Romorantin chez le comte de Saint-Pol, s'amusaient à célébrer, avec leur souverain, la fête des Rois, en simulant, en manière de divertissement et au moyen de boules de neige, d'œufs et de pommes cuites, l'attaque d'un château-fort que les assiégés défendaient avec des projectiles de la même espèce. Les munitions étant venues à manquer aux gens de la place, ceux du dehors, parmi lesquels se trouvait le roi, profitèrent de cette circonstance pour monter à l'assaut; ils étaient sur le point de triompher, lorsqu'un des défenseurs du château, le capitaine de Lorges, seigneur de Montgommery, imagina de disperser les assaillants en lançant au milieu d'eux un tison incandescent, qui atteignit François Ier à la tête. La blessure fut assez grave pour nécessiter l'ablation complète de la chevelure royale.

Qu'on se figure ce que devait être la tête longue et un peu pointue du monarque, dépourvue de cheveux et terminée par un menton également rasé. On comprendra qu'il s'empressa aussitôt de regagner du côté de la barbe ce qu'il venait de perdre du côté de son ornement capillaire.

Le roi, laissant croître sa barbe, tous les gentilshommes de la cour ne pouvaient manquer d'en faire autant. A leur tour, les bourgeois de la ville voulurent imiter les courtisans, et ce fut bientôt une mode générale.

Les évêques, qui vivaient beaucoup à la cour, éprouvaient bien au menton une certaine démangeaison de laisser prendre à leurs barbes un essor pareil, mais ils étaient retenus par la crainte des canons des conciles provinciaux qui leur interdisaient absolument cet ornement profane. François Ier eut l'idée de tirer parti de ces velléités mondaines du clergé français; il obtint du pape un bref qui l'autorisa à lever un impôt sur tous les clercs portant barbe. En sorte que la barbe fut bientôt un signe de démarcation entre le clergé riche et barbu, et le clergé pauvre et rasé.

La magistrature, qui, presque de tout temps, a professé peu de goût pour les barbes longues, crut devoir protester contre la mode. Un édit de 1535, appelé *Édit des barbes*, défendit aux plaideurs de paraître au palais avec une barbe. Un maître des requêtes fut obligé de se raser pour être admis à prêter serment, et Sallengre, dans ses *Mémoires de littérature*, parle d'un avocat qui fut contraint d'en faire autant pour être autorisé à se présenter à la barre.

François Olivier, homme de cour, nommé maître des requêtes, se vit refuser par le Parlement l'autorisation d'exercer sa charge, par le seul motif qu'il n'avait pas le menton rasé. Vainement il voulut solliciter et plaider la cause de sa barbe qui était superbe, dit la chronique, il dut en faire le sacrifice.

Le parlement de Toulouse rendit un arrêt qui défendait expressément de porter de longues barbes. Un gentilhomme barbu s'étant présenté à l'audience, la cour lui répondit qu'on lui rendrait justice quand il se serait fait raser.

Aussi lit-on dans les chroniques : « Il n'y avait
» procureurs ni advocats aux cours souveraines
» qui eûssent osé comparoir en la cour le jour
» de la Saint-Martin avec la barbe longue, sans

» encourir l'amende, ce qui était observé aux » jurisdictions inférieures. » Et un auteur du temps ajoute, dans son *Discours facétieux sur les barbes* : « Celui-là mesme eust été rabroué qui » fust venu avec sa barbe présenter une requeste, » tellement que celui qui la vouloit présenter » mettoit promptement sa barbe dans sa man- » che. »

Mais on sait quel est d'ordinaire, en France, l'effet des persécutions ; elles enfantent le prosélytisme. L'esprit d'opposition aux parlements se manifesta chez les gentilshommes et jusque chez les petits bourgeois par le développement des barbes ; les magistrats eux-mêmes finirent bientôt par se laisser entraîner, et la barbe triompha sur les mentons, avec diverses variations de forme et de coupe, jusqu'au règne de Louis XIV ; et, à cette époque, les magistrats furent les derniers à se soumettre à la mode du menton rasé.

Qu'on nous pardonne cette longue digression

historico-anecdotique; nous revenons à notre thèse.

Nous avons dit que la mode des longues barbes avait dû être suscitée et favorisée par la nécessité de masquer les défectuosités du visage.

C'est, en effet, une sorte de masque naturel que cette fourrure épaisse et informe, dont le visage s'enveloppe comme pour dérober à l'observation les traits et les indices physiognomoniques du menton, et souvent d'une partie notable de la bouche et des joues. Allez donc demander à un Lavater quelconque de vous faire le diagnostic moral d'une figure ornée de toute sa végétation pileuse. Il devra renoncer à étudier aucun indice dans le menton, dans la bouche, dans les joues, dans les lignes des maxillaires, dans l'ovale du visage; à peine même pourra-t-il juger de la valeur du nez, dont l'expression est singulièrement modifiée par la juxta-position de moustaches plus ou moins épaisses : ce serait à dérouter les plus savants scrutateurs du faciès humain.

Nous pouvons donc hardiment poser ceci en principe :

On est en droit de se défier des mentons trop barbus. Une barbe peut servir à cacher tant de choses ! De même qu'il rit dans sa barbe, un homme peut vous railler dans sa barbe, être gourmand, luxurieux, avide, poltron, et bien d'autres choses encore dans sa barbe.

Si Louis le Jeune, roi de France, qui s'était fait raser, par ordre de son confesseur, en expiation de la légèreté qu'il avait commise en faisant brûler 3,500 habitants de Vitry, qui s'étaient réfugiés dans une église, si ce roi, disons-nous, cessa de plaire à sa jeune épouse, aussitôt qu'il fut dépouillé de sa barbe, c'est que la clairvoyante Éléonore de Guyenne découvrit alors, sans doute, dans l'expression de la bouche et du menton de son mari, jusque-là complétement masqués, des vices et des infirmités morales qu'elle n'avait pas encore soupçonnés. Elle se fit consoler de cette découverte par son oncle Raimond, prince d'Antioche, et même aussi un peu par le Turc Saladin, ce qui amena le roi à demander et à obtenir la dissolution de son mariage, et jeta la princesse répudiée dans le lit d'Henri d'Angleterre, à qui Louis le Jeune déclara la guerre, soit par jalousie, soit par ambition, pour reconquérir les provinces dont se composait la dot d'Éléonore.

Si la princesse eût vu Louis rasé avant le mariage, peut-être ne l'eût-elle pas épousé. Que de malheurs et de catastrophes eussent été ainsi épargnés au roi et à la France !

Que ces exemple serve de leçon aux demoiselles à marier.

Une jeune fille doit toujours, avant de consentir à un mariage, exiger que le futur se présente à elle bien et dûment rasé. C'est le moyen d'éviter de cruelles déceptions.

Ce n'est pas seulement pour suivre les prescriptions de la mode, qu'un grand nombre d'hommes se décident à laisser croître leur barbe. Il en est beaucoup qui ne voient dans cet usage qu'une facilité, une économie de temps, dont s'accommode leur négligence; d'autres, enfin, prétendent se soustraire à la main du barbier, ou éviter le danger de se couper en essayant de se raser eux-mêmes.

En ce qui concerne la facilité et l'économie de temps, nous pouvons affirmer qu'on commet une grave erreur; car l'entretien d'une barbe longue, pour peu qu'on veuille se conformer aux principes de l'hygiène, exige beaucoup plus de soins et entraîne une bien plus grande dépense de temps que l'opération de se raser tous les jours. Une barbe longue doit être lavée, peignée et brossée rigoureusement au moins tous les matins. Autrement, la peau s'échauffe et est exposée à contracter des affections dangereuses.

A l'époque de la plus grande splendeur des longues barbes, au temps où, suivant l'heureuse expression du docteur Philippe (1), Henri IV se faisait une auréole de sa longue barbe grise, où l'on vit successivement les barbes *pointues, carrées, rondes*, en *éventail*, en *queue d'hirondelle*, en *feuille d'artichaut*, barbes à *la Ligue*, barbes en *Satyre*, dans cet âge d'or de la barbe enfin, Saint-Foix nous assure que les hommes consacraient au soin de leur barbe plus de temps que les coquettes les plus minutieuses n'en ont jamais employé à élever l'édifice de leurs coiffures. Chaque soir avant de se mettre au lit, le possesseur d'une barbe élé-

(1) Auteur d'une très-curieuse *Histoire de la barbe* (Reims, 1846) ; livre excessivement rare, dont presque tous les exemplaires ont été détruits par l'auteur lui-même.

gante la faisait peigner, brosser, arroser d'essences, enduire de pommades ou d'eaux parfumées aux senteurs les plus exquises, à celles que préférait la bien-aimée, après quoi barbe et moustaches étaient enfermées pour la nuit dans un sac dit *bigotelle*, du mot espagnol *el bigote* (la moustache).

On comprend presque cette coquetterie raffinée d'une barbe porte-parfums pour des grands seigneurs à peu près oisifs, qui trouvaient dans la toilette de leur menton une sorte de passe-temps. Mais on a peine à l'admettre à une époque comme la nôtre où le tabac a remplacé tous les parfums, où la barbe et les épaisses moustaches ne sont plus guère qu'un réservoir à fumée de cigare ou à grains de poudre à priser, lorsque même elles n'ont pas l'inconvénient plus grave de conserver les traces et les âcres odeurs des aliments et des boissons.

A la rigueur, une barbe bien entretenue doit

être lavée après chaque repas et après chaque cigare. Disons plus :

AUTRE AXIOME

L'usage du tabac est incompatible avec les longues barbes.

Quant à ceux qui n'ont d'autre ambition que celle bien légitime de se soustraire à la main du barbier, nous leur dirons :

Soyez vous-même votre barbier. L'art de se raser est beaucoup moins difficile et moins dangereux que l'art de monter à cheval, de chasser, de manier une épée.

Pour qui possède de bons rasoirs et de bon savon, cet art n'exige aucune adresse et ne demande point d'étude ; c'est simplement une habitude à prendre, ainsi qu'on le verra plus loin.

II

HISTOIRE DE LA BARBE

Adam fut-il créé avec de la barbe? — Egyptiens rasés, Juifs barbus. — Les Assyriens, les Ethiopiens, les Moabites, les Mèdes; barbes tressées; les philosophes grecs, les Spartiates, les Athéniens. — Philippe de Macédoine et Alexandre le Grand. — Les Siciliens, les Romains, Scipion l'Africain. — Les prémices de la barbe. — Auguste; Néron. — Quinze empereurs rasés. — Pourquoi Adrien adopta la barbe longue? Constantin le Grand rétablit l'usage de se faire raser. — Tentative de Julien l'Apostat. — Les Parthes, les Scythes, les Daces, les Arméniens, barbus; les Bretons, les Goths, les Francs, les Germains, rasés. — Les Gaulois. — Digression sur la moustache; la moustache de Jean de Castro, proverbe espagnol. — Les peuples du midi sont généralement portés à laisser croître leur barbe. — Charlemagne ennemi des barbes et barbu. — La barbe excommuniée. — Les successeurs de Louis le Jeune. — Les perruques de menton. — Le cure-dents de Coligny. —La barbe de Sully à la cour de Louis XIII. — Les montagnards de 93. — L'école romantique. — La révolution de juillet et la liberté de la barbe. — L'empereur Nicolas. — La barbe factieuse et saint-simonienne. — Deux arrêtés du maréchal Soult. — Les barbes des princes de la famille d'Orléans. — La barbe en 1848.

— L'éclectisme en matière de barbes. — Il faut se raser tous les jours. — La barbe dans ses rapports avec la politique, la diplomatie, les lettres, les sciences et les arts. — Les mentons des célébrités contemporaines.

Adam fut-il créé avec de la barbe au menton? A cette grave question Van-Helmont répond négativement; mais un certain Valeriano Vannetti soutient longuement l'affirmative dans un livre intitulé *Barbalogia,* qu'il publia en 1750.

Nous n'avons ni la curiosité de rechercher lequel des deux a raison, ni la volonté de formuler une opinion à cet égard. Nous croyons que nos lecteurs ne seront pas plus curieux que nous.

La plus haute antiquité, à laquelle remontent les documents certains qu'on possède sur la barbe, ne va pas au-delà d'un siècle avant l'ère chrétienne.

Les Égyptiens avaient habituellement le menton rasé, puisque Hérodote affirme qu'ils laissaient croître leur barbe en signe de deuil.

Les Juifs, au contraire, obéissant aux prescriptions du Lévitique, laissèrent généralement pousser la leur et ne la coupaient que pour manifester leur affliction. Le roi des Ammonites, pour insulter les ambassadeurs que lui envoyait David, les fit raser d'une manière différente de celle qu'indiquait la loi sacrée.

On a tout lieu de croire, d'après les anciennes médailles et les monuments, que les Assyriens, les Ethiopiens, les Moabites portaient aussi de longues barbes.

Les Mèdes la portaient très-courte.

Quant aux anciens rois d'Asie, les médailles les représentent avec des barbes tressées ; et un passage de saint Chrysostôme témoigne assez hautement du luxe de la barbe du roi de Perse, puisqu'il lui reproche de la tisser avec des lamelles d'or.

Si nous passons aux philosophes Grecs, nous découvrons que les pythagoriciens se rasaient la barbe et les cheveux, tandis que les stoïciens coupaient leurs cheveux, mais conservaient leur barbe.

Plutarque nous dit qu'à Lacédémone une loi limitait la longueur de la barbe.

A Athènes, les contemporains de Socrate portaient encore la barbe longue, 420 ans avant Jésus-Christ, de même que les Grecs et les Troyens, des temps héroïques, Achille, Ajax, Hector, Priam qui sont représentés fort barbus sur les monuments et dans les bas-reliefs.

Alcibiade fit adopter aux Athéniens l'usage de se raser.

Philippe, roi de Macédoine, et ses prédécesseurs ont le menton dépourvu de barbe sur les médailles. Cependant il paraît qu'Alexandre le Grand n'imita point toujours l'exemple de son père, puisque Plutarque nous raconte que, le jour de la bataille d'Arbelles, l'illustre roi de Macédoine se fit raser et fit passer tous ses soldats au fil du rasoir, afin que leur barbe ne donnât point prise sur leur visage aux ennemis.

La mode des mentons rasés devint générale en

Grèce à partir de ce moment, et continua à régner jusqu'à l'empire de Justinien.

Quelques sectes de philosophes portèrent seules la barbe longue pour se distinguer du vulgaire.

Les Siciliens imitèrent les Grecs dans le port du menton, ainsi que le prouve l'anecdote si connue des terreurs qu'inspirait à Denys, le Tyran de Syracuse, le rasoir des barbiers.

C'est de la Sicile que furent importés à Rome la mode de se raser et les barbiers. Ticinius Menas les introduisit vers l'an 299 avant J.-C.

Jusque là, les Romains étaient restés *intonsi*, comme dit Ovide.

Mais il se passa encore plus d'un siècle et demi avant que Scipion l'Africain, le jeune, donnât l'exemple de se faire raser tous les jours.

Cet exemple fut suivi bientôt par tout le monde.

Dans les familles, la coupe de la première barbe donnait lieu à une grande cérémonie qu'on célébrait en s'offrant réciproquement des festins et des cadeaux. Les prémices de la barbe étaient consacrées à une divinité quelconque.

Suivant Macrobe, c'était à vingt-deux ans qu'on faisait cette première barbe. Cependant Auguste ne se fit raser qu'à vingt-cinq ans. Néron se fit la première barbe à vingt-deux ans et l'offrit à Jupiter Capitolin.

Malgré l'exemple donné par Scipion, un vers d'Ausone indique que le jeudi était le jour consacré à se faire la barbe :

Ungues Mercurio, barbam Jove, Cypride crines.

Les ongles, le mercredi ; la barbe, le jeudi ; le vendredi, les cheveux.

Jusqu'à Adrien, quinze empereurs romains régnèrent sans barbe, ainsi que le prouvent les monuments et les médailles ; l'usage de se raser fut, en conséquence, adopté par tous les peuples soumis à la domination romaine. Il ne fallut rien moins qu'une infirmité impériale pour amener un changement dans cette mode si parfaitement en harmonie avec la civilisation de l'époque.

Adrien avait au menton des cicatrices d'écrouelles qu'il jugea à propos de cacher sous une barbe longue et épaisse : *Ut vulnera quæ in facie naturalia erant, tegeret* (pour qu'il couvrît les blessures naturelles qu'il avait sur le visage), nous dit Spartien.

Naturellement toute la population suivit l'exemple de l'empereur ; puis la tradition se conserva sous le règne des Antonins et de leurs successeurs jusqu'à Dioclétien et Constance-Chlore. Ce fut seulement en l'an 312 de l'ère chrétienne que Constantin le Grand rétablit l'usage de se faire raser. Néanmoins les philosophes continuèrent à porter la barbe longue.

En 361, Julien l'Apostat fit une tentative en faveur de la barbe ; la sienne était si longue et si droite que les plaisants l'avaient surnommé *ca-*

pella (chèvre). C'est peut-être ce surnom qui lui inspira la satire intitulée *Misopogon* (ennemis de la barbe) contre les habitants d'Antioche.

La tentative de Julien eut peu de succès, et nous voyons qu'en 363, sous l'empire de Jovien, l'on se rasait généralement. La mode des mentons unis se maintint pendant 240 ans chez les empereurs romains, et l'on ne vit reparaître la barbe qu'en 602 sous le règne de Phocas.

Plusieurs des peuples contre lesquels l'empire romain eut des luttes à soutenir, tels que les Parthes, les Scythes, les Daces, les Arméniens, portaient la barbe longue; mais les Bretons, les Goths, les Francs et les Germains se faisaient raser.

Quant aux Gaulois, il paraît certain que, dans l'origine, chez eux les prêtres et les nobles seuls portaient la barbe; les ordonnances astreignaient les serfs à se faire raser complètement le menton; mais ils pouvaient conserver des moustaches, et, abusant de la permission, ils les portaient longues et excessivement épaisses. La moustache fut, du reste, fort en honneur chez les peuples du Nord. Elle était surtout le signe distinctif des guerriers.

Plus tard, quand la Gaule commença à devenir la France et à constituer une nation, on voit la suppression des barbes longues, décrétée par Charlemagne, devenir le signal de l'allongement indéfini des moustaches. Elles tombaient des deux côtés du menton jusque sur la poitrine, et, sous Charles le Chauve, tous les visages étaient pourvus de moustaches à la chinoise.

C'est en Espagne et en Portugal surtout que le triomphe de la moustache se perpétua presque sous tous les règnes.

On connaît l'histoire de Jean de Castro, qui, après avoir délivré, au nom du roi de Portugal, le château de Diu, dans l'Inde, se trouvant absolument dépourvu d'argent et de vivres pour ravitailler sa flotte, emprunta mille pistoles aux habitants de Goa, en leur offrant pour gage sa moustache. Les bourgeois furent si émerveillés de son sacrifice qu'ils lui envoyèrent plus d'argent qu'il n'en demandait et s'empressèrent de lui rendre sa moustache.

Quand, à l'âge de 17 ans, et par conséquent peu barbu, le petit-fils de Louis XIV, devenu roi d'Espagne sous le nom de Philippe V, apporta l'usage de se raser, même les moustaches, les Espagnols de la vieille roche se crurent déshonorés ; ils traduisirent leur opinion en un proverbe énergique dont voici à peu près le sens : « Depuis que les Espagnols n'ont plus de moustaches, ils ne valent pas mieux que des eunuques. »

Du reste, la persévérance des Espagnols à conserver la barbe vient peut-être de la dureté des barbes dans le midi; elles sont beaucoup moins faciles à raser dans les pays méridionaux que dans les contrées du nord; aussi peut-on remarquer, dans l'histoire générale de la barbe chez les divers peuples, que les méridionaux ont toujours une tendance particulière à laisser croître leur barbe.

Les mœurs des hommes tendent toujours à être en harmonie avec les conditions des tempéraments que la nature leur a départis.

Sous la monarchie française, les moustaches obtinrent le plus haut degré de faveur pendant le règne de Louis XIII. Les vaillants gentilshommes du temps tenaient à leurs moustaches autant et plus qu'à la vie. Bouteville allait être décapité. Pendant qu'on activait les préparatifs de l'exécution, il voit le bourreau se disposer à lui couper sa longue et belle moustache. Aussitôt il s'empresse d'y porter la main pour la préserver de cet humiliant outrage.

« Mon fils, lui dit l'évêque de Nantes qui l'assistait, il ne faut plus penser au monde ; quoi ! vous y pensez encore ! »

Louis XIV conserva la moustache jusqu'au jour où il y vit pointer quelques poils blancs (1680). Toutes les moustaches de la France tombèrent aussitôt pour ne reparaître qu'en 1789.

Mais en voilà assez sur la moustache, revenons à l'histoire de la barbe en France.

Nous avons dit que Charlemagne avait décrété la suppression des barbes longues. Ce grand homme professait dans sa jeunesse une si vive aversion pour la barbe, qu'il ne voulut accorder le duché de Bénévent à son lieutenant Grimoald qu'à la condition que celui-ci forcerait les Lombards à se raser; ce qui n'empêcha pas l'illustre souverain, aussitôt qu'il fut nommé empereur d'Occident, d'adopter cette fameuse barbe romaine, qui ne fut coupée qu'après sa mort, pour devenir la célèbre relique conservée encore aujourd'hui précieusement à Spire.

Les successeurs de Charlemagne et les rois de France de la troisième race, depuis Hugues Capet jusqu'à Louis le Jeune, sont representés avec des barbes qui affectent diverses formes et diverses dimensions.

Cependant la barbe fut excommuniée en 1031 ; mais les habitants du midi de la France protestèrent et refusèrent de se raser. Il n'en fut pas de même dans la Normandie; car, lorsque Guillaume le Conquérant envahit l'Angleterre, la vue de tous ses soldats rasés excita une grande surprise chez les Saxons encore tous barbus, et le premier rapport des espions envoyés pour reconnaître l'armée étrangère, la signala comme exclusivement composée de prêtres.

Nous avons dit plus haut ce qui advint de la barbe de Louis le Jeune. Bien qu'on ait attribué à la suppression de cet ornement ses malheurs conjugaux et les guerres internationales qui s'ensuivirent, il n'en est pas moins constant que tous les rois qui lui succédèrent pendant plus de quatre siècles persistèrent à se faire raser. A peine Philippe de Valois essaya-t-il de remettre la barbe en honneur vers le milieu du quatorzième siècle. Il ne resta de cette mode passagère que l'usage, durant quelques années, de la barbe courte, en *brosse* et en *vergettes*.

L'Europe presque tout entière imita l'exemple de la France. En Espagne seulement, au quatorzième siècle, on vit poindre les barbes postiches de diverses formes et de diverses couleurs. On chercha à introduire en France ces espèces de perruques de menton, mais elles n'y eurent aucun succès.

L'Orient seul à peu près persévéra dans la tradition des mentons à longue barbe.

On a vu, dans le chapitre précédent, à quelle occasion François Ier donna le signal de la résurrection des barbes.

Sous les premiers successeurs de ce prince, la barbe jouit d'une vogue telle que d'Aubigné s'indigne de voir Henri III le visage dépouillé de barbe.

Avoir le menton ras, garder la face pâle.

Pendant le règne de Charles IX, catholiques et huguenots étaient également barbus. L'amiral de Coligny portait la barbe si longue qu'il y plaçait son cure-dents. On trouve cette phrase dans Brantôme :

« Dieu me garde de l'esprit et du cure-dents de l'admiral, parce qu'il en portoit toujours un fust en la bouche, fust en la barbe. »

Nous avons dit les splendeurs de la barbe sous Henri IV. Mais, sous Louis XIII, la décadence a lieu rapidement. On ne porte plus qu'un bouquet, puis bientôt qu'une mince virgule, dite *royale*, aussi trouve-t-on Sully fort ridicule lorsqu'il se présente à la cour avec son menton garni à la Henri IV. C'est en entendant les lazzi et les gorges chaudes des jeunes seigneurs, au sujet de sa grande barbe, que l'illustre ministre adressa au roi cette remontrance restée fameuse :

« Sire, lorsque votre père, de glorieuse mémoire, me faisait l'honneur de me consulter dans les grandes et sérieuses affaires, au préalable il faisait sortir tous les bouffons et baladins de sa cour. »

Cependant les barbes longues reprirent quelque peu de faveur vers le milieu du règne de Louis XIII. On en était encore au *bouquet* lors de l'avènement de Louis XIV, qui, après avoir essayé de la barbe pendant sa jeunesse, finit par la supprimer complétement.

La barbe ne reparut plus en France qu'au menton des Montagnards de 1793. La barbe de Jourdan, dit Coupe-Tête, atteignait des proportions démesurées.

Sous forme de favoris, elle orna les joues d'un grand nombre de citoyens sous le Directoire et sous l'Empire ; et, vers la fin de la Restauration, elle se montra ample et longue au menton des adeptes de l'école romantique pour lesquels elle devint un signe de ralliement. Les peintres surtout la laissèrent pousser avec une certaine affectation.

Après la révolution de Juillet, la liberté de la barbe parut une de celles auxquelles on attacha le plus d'importance. A l'étranger, les Français barbus furent considérés comme des révolutionnaires à tous crins, et l'empereur Nicolas, suivant en cela la tradition de son aïeul, Pierre le Grand, qui avait civilisé la Russie en rasant de force tous les mentons et en taxant à un prix exorbitant les barbes récalcitrantes, proscrivit rigoureusement la barbe dans toutes les parties de son vaste Empire.

Chez nous-mêmes, le gouvernement, si paternel et si libéral de la branche cadette, traita quelque temps la barbe en factieuse, surtout la barbe dite *moyen-âge,* qui faisait partie de l'uniforme des saint-simoniens.

La barbe était si mal vue dans les hautes régions administratives, en 1834, qu'un arrêté du maréchal Soult, alors ministre de la guerre, enjoignit aux sapeurs de tous les régiments de se raser. Or, la barbe est, on le sait, le plus bel, presque l'unique attribut du sapeur. Un sapeur sans barbe cesse d'être un sapeur, non-seulement aux yeux des cuisinières, des enfants et de leurs bonnes, mais encore aux yeux de toute l'armée, à ses propres yeux.

On conçoit que l'émotion dut être grande dans tout le personnel militaire, et particulièrement parmi les porte-haches. Aussi les journaux de l'opposition, qui, en tout temps, sont portés à exagérer les conséquences des actes administratifs, racontèrent-ils qu'un vieux sapeur, estimant qu'il valait mieux ne plus vivre que de vivre sans barbe, imita l'exemple de Caton d'Utique, et se donna la mort.

Peu de temps après, l'arrêté fut rapporté.

L'année précédente, le même maréchal Soult avait, par un autre arrêté, autorisé les soldats des compagnies du centre à porter des moustaches comme les hommes des compagnies d'élite.

Malgré le discrédit récent de la barbe, le duc d'Orléans, fils aîné du roi, portait une des plus belles barbes du royaume. Plusieurs de ses frères se montrèrent aussi fort souvent avec des barbes très-bien fournies et amplement développées.

Une foule de barbes incultes et touffues reparurent après la révolution de février. On en vit figurer un grand nombre dans les manifestations politiques, dans les clubs violents, et notamment dans l'émeute du 15 mai. Toutefois, la barbe longue ayant ses adeptes dans tous les partis, elle ne put être considérée comme un signe de ralliement.

Aujourd'hui, la France paraît en être venue à l'éclectisme le plus libéral en matière de barbe. La barbe n'est même plus un signe physiognomonique, une enseigne du tempérament, un thermomètre des passions. On voit les gens les plus calmes montrer des mentons d'une richesse luxuriante, tandis que des hommes connus par la vivacité et l'ardeur de leurs passions offrent un visage soigneusement et fréquemment rasé.

Disons, toutefois, que la plupart des hommes qui fréquentent les salons de la société aristocratique et de la haute bourgeoisie ne portent guère que la moustache et les favoris. Le menton et le dessous du col sont entretenus avec le plus grand soin, et rafraîchis, par le rasoir, tous les jours rigoureusement.

Les hommes d'État, les hommes politiques, ceux particulièrement qui défendent les principes conservateurs de l'ordre social, les diplomates, les hauts fonctionnaires portent généralement le menton rasé. A peine quelques-uns laissent-ils pousser une partie de leurs favoris et une légère moustache. Il en est de même des savants, des magistrats, de tous les hommes, enfin, dont les fonctions comportent une tenue grave.

On sait que les magistrats n'aiment pas les avocats barbus et moustachus. Un jour, même, le président Séguier refusa, il y a peu d'années, d'entendre un avocat qui portait des moustaches.

Les poètes et les hommes de lettres ont renoncé aux longues barbes. Parmi les artistes, les peintres seuls et quelques sculpteurs tiennent encore pour la barbe. Un poète, M. Théophile Gautier, continue à faire barbe commune avec eux; mais l'éminent critique est au moins aussi peintre qu'écrivain.

Les plus grands hommes du siècle ont le menton rasé :

Napoléon n'a jamais laissé croître sa barbe. Des calomniateurs ont prétendu qu'il avait fait, à cet égard, de vaines tentatives. Cette opinion ne s'appuie que sur un cancan sans portée de Bourrienne.

On a prêté, non moins gratuitement, la même velléité à lord Byron. Il est douteux que le plus joli homme de son temps, qui attachait, on le sait quelque prix à la beauté de son visage, ait jamais songé à masquer avec de la barbe la finesse d'expression de sa bouche, et la merveilleuse distinction des contours de son menton.

Plus tard, nous voyons, parmi les contemporains :

Châteaubriand ;
Lamennais ;
Victor Hugo ;
Lamartine ;
Guizot ;
Thiers ;
Villemain ;
Rossini ;
Meyerbeer ;
Arago ;
Jules Sandeau ;
Ponsard ;
Mérimée ;

Sainte-Beuve;

Auber;

Alexandre Dumas;

Augustin Thierry;

Cousin;

Saint-Marc Girardin;

Berryer;

Emile de Girardin;

Scribe;

Jules Janin.

Etc., etc., etc.,

soigneusement rasés.

Parmi les notabilités de l'époque, on ne compte guère de barbus que de Musset, de Vigny, Émile Augier, Méry, Théophile Gautier, Alphonse Karr, Léon Gozlan, Octave Feuillet et Ernest Feydeau.

III

LA BARBE ET L'ÉGLISE

L'église primitive; Isaïe, Jérémie, les Apôtres. — Les Pères de l'Église. — Les conciles de Carthage et de Barcelone. — Grandes disputes à propos du canon 44 du concile de Carthage et du mot *radat*. — Léon III se fait raser. — L'Église latine rasée, l'Église grecque barbue. — Le pape Jean XII laisse croître sa barbe. — Les conciles de Limoges et de Bourges. — Grégoire VII persécute les mentons barbus; le concile de Gironne; l'évêque de Séez rase lui-même Henri Ier d'Angleterre. — Godefroy, évêque d'Amiens. — Barbus au XIIIe siècle, les papes recommencent à se raser au XIVe. — Lutte entre le trône et l'autel au XVIe siècle, au sujet de la barbe; les deux conciles de Narbonne. — Les conciles de Malines et de Rouen condamnent la barbe. — Décision singulière du concile de Reims. — Clément XI renonce à la barbe, en 1700. — Les prêtres et les moines se décident définitivement à se raser au XVIIIe siècle.

Il serait nécessaire, pour compléter notre histoire résumée de la barbe, d'entrer dans quelques considérations sur le rôle que les mentons rasés ont joué dans l'histoire de la religion et de ses ministres ; mais il faudrait tout un volume pour raconter toutes les vicissitudes par lesquelles est passée cette haute question de discipline ecclésiastique. Nous nous bornerons donc à indiquer les faits les plus importants.

Il paraît constant que l'Église primitive fut favorable aux barbes longues. Sans parler des prescriptions de Moïse, des objurgations des prophètes Isaïe et Jérémie, qui signalent le menton rasé comme la dernière des ignominies, nous voyons dans les constitutions des Apôtres, l'interdiction formelle de se couper le moindre poil de la barbe.

Plus tard, les Pères de l'Église sont d'accord avec les Apôtres, saint Clément le Romain, saint Clément d'Alexandrie, Tertullien, saint Cyprien, saint Epiphane.

Les conciles de Carthage, en 398, de Barcelone, en 540, confirment ces prescriptions.

A propos du canon 44 du premier de ces conciles s'éleva une grande et capitale discussion qui divisa dès lors l'Église en deux partis, celui des barbistes et celui des anti-barbistes.

Les uns, les barbistes, prétendent qu'il y a dans le texte : *Clericus nec comam nutriat, nec barbam radat* (qu'un clerc n'entretienne pas sa chevelure et ne rase pas sa barbe) ;

Les autres soutiennent qu'il faut lire ces seuls mots : *Clericus nec comam nutriat, nec barbam* (qu'un clerc n'entretienne ni sa chevelure, ni sa barbe). La seconde version signifie absolument le contraire de la première. Le mot *radat* existe-t-il ou n'existe-t-il pas dans le texte primitif? Voilà toute la question. On a noirci des milliers de rames de papier pour et contre ce mot *radat*.

Ce qu'il y a de notoire, c'est que les papes portèrent la barbe jusqu'à Léon III (797), qui se fit raser pour se distinguer des patriarches de Constantinople.

A dater de ce moment l'Église latine maintient l'usage de se raser et l'Église grecque continue à porter la barbe. C'est toujours la même différence que nous avons signalée plus haut entre les barbes du Nord et celles du Midi.

En 956, toutefois, le pape Jean XII laisse croître sa barbe pour se conformer à l'exemple de l'empereur Othon Ier; mais ses successeurs reprennent le rasoir.

En 1031, le concile de Limoges déclare qu'il importe peu qu'un clerc soit ou non rasé. La délibération, en pesant les motifs des Grecs barbus et des Latins rasés, affirme que ceux-ci s'appuient sur l'exemple de saint Pierre.

Même décision du concile de Bourges.

Grégoire VII commence à persécuter les mentons barbus, et le concile de Gironne, en 1078, défend la barbe au clergé sous les peines les plus sévères. On alla bientôt jusqu'à interdire la barbe aux princes et aux laïques, et nous lisons dans le père Mabillon que Serlon d'Abond, évêque de Séez, fit lui-même la barbe au roi Henri Ier d'Angleterre, le jour de Pâques de 1105.

« Le jour de Noël de 1106, dit le *Mercure de France,* Godefroy, évêque d'Amiens, refusa l'offrande à tous ceux qui se présentèrent avec le menton barbu. »

Les papes redeviennent barbus au treizième siècle; ils se rasent au quatorzième et persécutent tous les clercs qui veulent porter barbe.

Au seizième siècle, sous Henri II, la barbe donne lieu à une lutte entre le trône et l'autel. Plusieurs chapitres refusent de recevoir des chanoines barbus. Deux conciles tenus à Narbonne en 1551 enjoignent à tous les prêtres de se raser au moins une fois par mois.

Les conciles de Malines, en 1570, et de Rouen, en 1581, condamnent absolument l'usage de la barbe; mais le concile de Reims, en 1583, exige seulement qu'on se coupe les poils de la lèvre supérieure afin de pouvoir communier sans obstacle.

Malgré toutes ces ordonnances, les prêtres et les laïques persistèrent longtemps à porter la barbe longue. Ils finirent pourtant par se laisser entraîner par la mode vers la fin du dix-septième siècle. La papauté ne renonça à la barbe qu'en 1700, sous le pontificat de Clément XI.

Depuis, on a à peine vu quelques ordres religieux laisser pousser la barbe longue. Tous les prêtres se rasent avec la plus grande régularité.

IV

ON DOIT SE RASER

Olivier-le-Daim et Figaro. — Un soufflet qui dure cinq minutes. — Les barbiers de Paris ; être l'esclave de son barbier. — La barbe en voyage. — Rasé à la cuiller, à la salive; rasé par des servantes, par des garçons d'écurie. — Les mains et les rasoirs malpropres ; les maladies de la peau.

La matière ne nous manquerait certes pas si nous voulions reproduire les anecdotes qui témoignent des inconvénients résultant de l'office du barbier.

A Dieu ne plaise que nous entrions dans cette voie, et que nous cherchions à nuire aux successeurs d'une corporation qui a joué un rôle marqué dans l'histoire par la personne d'Olivier le Daim, le barbier de Louis XI, et doté la littérature du type immortel de Figaro.

Certes, si l'on était sûr d'avoir toujours à sa disposition un barbier à la main propre et bien exercée, à la langue discrète et au rasoir finement affilé, l'usage du barbier n'aurait rien de fâcheux en soi pour les épidermes de facile accommodement, qui souvent supportent patiemment le contact d'une main étrangère. Nous sommes les premiers à rire de la sensibilité exagérée de ce petit maître qui disait :

« La main d'un barbier sur ma figure me fait l'effet d'un soufflet qui durerait cinq minutes. »

Nous sommes convaincus que la plupart des barbiers de Paris répondent au programme posé ci-dessus. Mais, hélas! est-on toujours rasé par un barbier? La plupart des établissements où l'on rase aujourd'hui ne sont-ils pas devenus des maisons de commerce où chaque client est livré aux mains d'un *clerc* quelconque et souvent même d'un apprenti fort peu habile ?

C'est donc souvent sur la figure du premier patient venu que les barbiers novices font leurs premières armes.

Mais, nous dira-t-on, à Paris on peut choisir son barbier et ne se livrer qu'à une main déjà connue. A la grande rigueur, cela peut se faire durant quelque temps ; mais quand votre barbier ordinaire sera devenu suffisamment habile, il changera de maison, deviendra maître lui-même. Le suivrez-vous donc partout? deviendrez-vous son esclave?

Et puis, vous voyagez. Aussitôt que vous êtes hors de Paris, savez-vous à quels barbares vous allez livrer votre visage? A quels savons, à quels rasoirs, à quelles mains négligées et négligentes vous serez exposé? Nous ne vous répéterons pas toutes les malpropretés que les anecdotiers racontent sur les barbiers de village qui rasent à la cuiller ou à la salive, sur ceux qui font raser par leurs femmes, leurs filles, leurs servantes, leurs garçons d'écurie. Ce que nous pouvons vous affirmer, c'est que vous courez grand risque, sinon d'être écorché, du moins de sentir sur la partie la plus respectable de votre individu, le contact de peaux malpropres, huileuses et qui exhalent des odeurs nauséabondes.

Bien heureux si vous n'êtes pas exposé à contracter de ces maladies de peau qui ne se déclarent parfois qu'au bout de quelques semaines, sans qu'on sache pourquoi ni comment, et qui n'ont d'autre origine qu'une main de barbier malpropre ou qu'un rasoir mal essuyé.

De tout ce qui précède, il résulte que l'opération pour laquelle il est le plus urgent de savoir se passer du secours d'une main étrangère, c'est l'opération de la barbe.

V

L'ART DE SE RASER SOI-MÊME

Les bons rasoirs. — S'en rapporter à son coutelier. — L'entretien des rasoirs. — La pâte Aubril ; elle bonifie les rasoirs même les plus médiocres. — Se savonner à l'eau froide. — Le savon Aubril.— Chauffer le rasoir.— Se raser de bas en haut.

Nous croyons devoir nous borner, dans ce chapitre, à une simple instruction sur l'art de se faire la barbe régulièrement, et d'éviter de se couper. Qu'on ne soit donc pas surpris de ne trouver ici, ni considérations physiologiques sur le système pileux de l'homme, ni études métallurgiques sur la fabrication des rasoirs.

La première condition pour se bien faire la

barbe, c'est d'avoir de bons rasoirs, ou plutôt des rasoirs qui coupent bien.

Nous ne vous dirons pas, comme certains prospectus, que vous êtes exposé à acheter des rasoirs en fer au lieu de rasoirs en acier. Il y a trop peu de différence dans le prix de ces deux matières pour qu'un coutelier se donne la peine de façonner du fer en rasoirs. La valeur du rasoir dépend surtout de la trempe, de l'affilage et de l'entretien.

Or, il faut une grande expérience pour reconnaître la qualité d'une trempe et d'un affilage ; ce qu'il y a de mieux à faire pour se procurer de bons rasoirs, c'est de les acheter dans une maison digne de confiance et de s'en rapporter à la probité et à l'intérêt du marchand qui doit tenir à conserver votre clientèle.

Quant à l'entretien du rasoir, il dépend à peu près de vous.

Pour bien préparer vos rasoirs, promenez-les

sur un cuir ferme cinq ou six fois, en les appuyant bien à plat; puis, réchauffez-les un peu, soit en les mettant dans votre poche, soit en les trempant dans l'eau chaude, afin de mettre la lame à la température de la peau.

Si vous êtes possesseur d'un cuir à deux facettes et d'une provision de pâte Aubril, vous pouvez être parfaitement sûr du succès de votre opération, à quelque rasoir que vous l'appliquiez, car la pâte Aubril, composée d'un minerai qui possède des qualités d'affinité spéciale avec l'acier, réussit à rendre bons pour l'usage, même les rasoirs les plus médiocres. Quarante années d'expérience et de succès l'ont suffisamment prouvé.

Une fois votre rasoir préparé, vous vous savonnez le menton à l'eau froide, longuement et soigneusement, en tenant compte de la qualité du savon. L'eau froide a sur l'eau chaude l'avantage de raffermir les tubes pileux et d'en rendre la section beaucoup plus facile et plus nette. L'eau chaude a l'inconvénient de coucher les poils, de les exposer quelquefois à échapper à l'action du rasoir et d'attirer le sang à la peau.

La qualité du savon est d'une importance extrême. Ce ne sont pas toujours les plus onctueux qui sont les meilleurs. Ils sont souvent mal faits, caustiques et attaquent la peau. On doit les répudier énergiquement.

Nous avons fait fabriquer un savon spécial pour la barbe, que nous sommes à même de garantir ; nous nous sommes attaché surtout, dans cette préparation, à combiner les éléments qui la composent de façon à faciliter et à adoucir l'action du rasoir.

Nous avons recommandé de mettre le rasoir à peu près à chaleur égale à celle de la peau. Cette précaution est utile surtout en hiver. Non-seulement la chaleur dilate les dents de la lame et les rend plus serrées, mais encore elle rend la chair insensible à toute coupure ; une blessure ainsi faite se cicatrise très-vite et avec la plus grande facilité. Il n'en est pas de même de la blessure faite avec l'acier froid.

. . . . . . Le fer entra si froid !

comme disait Monaldeschi dans la *Christine* d'Alexandre Dumas.

Le meilleur sens à adopter pour promener le rasoir sur le visage, c'est généralement de bas en haut, en ayant soin de tenir la lame oblique sur la peau, c'est-à-dire faisant un angle aigu d'environ 45 degrés avec la surface de l'épiderme.

Une lotion immédiate à l'eau froide, parfumée d'une essence quelconque, raffermit aussitôt la peau; l'eau froide est dans tous les cas préférable à l'eau chaude.

Telles sont les observations que nous avons cru devoir présenter à l'égard de la barbe. Nous avons jugé le sujet intéressant, et nous nous sommes laissé entraîner à lui donner un développement

4.

qu'on trouvera peut-être excessif; nous pouvons affirmer toutefois que nous avons laissé de côté une grande partie des notes que nous avions recueillies depuis longtemps avec le projet de les coordonner.

Quant à ce qui concerne notre maison, nous avons pensé ne manquer ni aux lois de la convenance, ni à celles de la modestie en le plaçant ici. Il nous a semblé que la nature même du travail comportait cet appendice.

Et, dans tous les cas, si faute il y a de notre part, nous en sommes quitte pour finir à la manière des auteurs dramatiques espagnols, en priant le public « d'excuser les fautes de l'auteur. »

EMPLOI

DE LA

PATE-AUBRIL

pour faire couper les rasoirs

Nous ne saurions trop répéter ce que nous avons dit au chapitre V de notre *Essai sur la barbe,* que la pâte Aubril « possède des qualités d'affinité avec l'acier et réussit à rendre bons pour l'usage, même les rasoirs les plus médiocres. »

Inventée et perfectionnée par M. Aubril, membre de la Société d'encouragement pour l'industrie nationale, sept fois breveté, s. g. d. g., et chef de la maison Aubril, fondée depuis 1812, la pâte Aubril a été approuvée par une délibération du comité de chimie du ministère du commerce, insérée au *Bulletin des Lois.*

La pâte doit être appliquée sur le côté mince du cuir, de façon à en garnir la surface d'une couche légère. Tous les huit jours, on enlève avec soin la pâte qui a servi pendant la semaine et on en met une couche nouvelle. Le cuir étant ainsi préparé, on y pose le bout de la lame à plat, en repassant de 1 à 2 et de 3 à 4, et en faisant bien attention à ne retourner le rasoir que par le dos, chaque fois qu'il arrive à une des extrémités du cuir. (Voir la figure ci-contre).

Le nombre de coups de cuir varie suivant la trempe du rasoir; mais, en moyenne, cinq ou six coups suffisent du côté mince et garni de pâte. On passe ensuite la lame deux fois sur le côté épais, plus légèrement et toujours bien à plat.

Cette opération de repassage doit être faite quand on vient de se servir du rasoir; il suffit ensuite, lorsqu'on veut se raser, de le chauffer un peu, ainsi que nous l'avons dit dans notre *Essai*.

Quant au savon, nous ne pouvons que renvoyer à notre opuscule et recommander encore l'emploi du savon Aubril et de l'eau froide.

Aubril

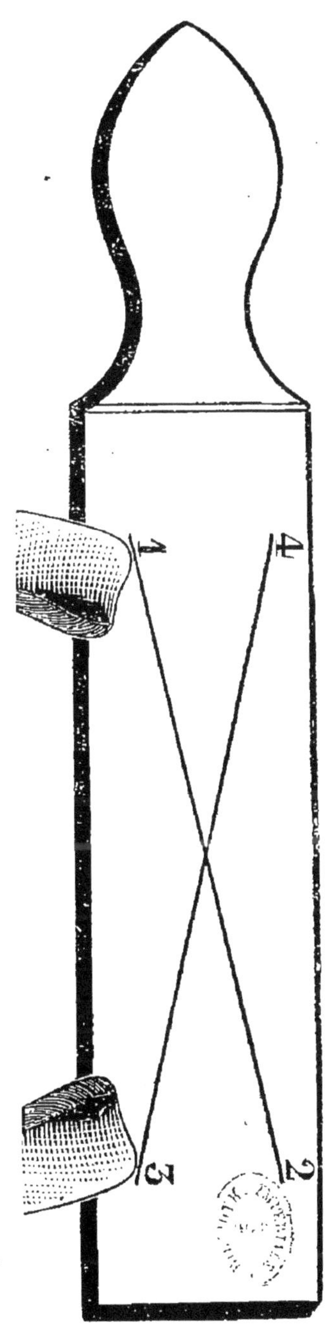
1
4
3
2

TABLE

VERSAILLES. — IMP. CERF, RUE DU PLESSIS, 59.

www.ingramcontent.com/pod-product-compliance
Ingram Content Group UK Ltd.
Pitfield, Milton Keynes, MK11 3LW, UK
UKHW021010200726
13857UKWH00004B/1369